TRIATLÓN

POR ASHLEY GISH

T0018816

CREATIVE EDUCATION • CREATIVE PAPERBACKS

Publicado por Creative Education
y Creative Paperbacks
P.O. Box 227, Mankato, Minnesota 56002
Creative Education y Creative Paperbacks
son marcas editoriales de The Creative Company
www.thecreativecompany.us

Diseño de The Design Lab
Producción de Alison Derry
Dirección de arte de Tom Morgan
Editado de Alissa Thielges
Traducción de TRAVOD, www.travod.com

Fotografías de Alamy (Danny Lawson, PA Images, REUTERS), Getty (Buda Mendes, CHARLY TRIBALLEAU, Jamie Squire, LOIC VENANCE, Matthias Hangst, OLIVIER MORIN, picture alliance, Ramsey Cardy, Stephen McCarthy), Shutterstock (Bojanovic)

Library of Congress Cataloging-in-Publication Data
Names: Gish, Ashley, author.
Title: Triatlón / by Ashley Gish.
Description: [Mankato, Minnesota] : [Creative Education and Creative Paperbacks], [2024] | Series: Los increíbles Juegos Olímpicos de verano | Includes index. | Audience: Ages 6–9 years | Audience: Grades 2–3 | Summary: "Celebrate the Summer Olympic Games with this elementary-level introduction to triathlon, the sporting event that includes swimming, biking, and running all in one. Includes biographical facts about Flora Duffy, Bermuda's first ever Olympic gold medalist. Translated in North American Spanish"—Provided by publisher.
Identifiers: LCCN 2023015548 (print) | LCCN 2023015549 (ebook) | ISBN 9781640269330 (library binding) | ISBN 9781682774830 (paperback) | ISBN 9781640269972 (pdf)
Subjects: LCSH: Triathlon—Juvenile literature. | Triathletes—Juvenile literature. | Summer Olympics—Juvenile literature. | Duffy, Flora—Juvenile literature.
Classification: LCC GV1060.73 .G5718 2024 (print) | LCC GV1060.73 (ebook) | DDC 796.42/57—dc23/eng/20230407

Impreso en China

Tabla de contenidos

Un triatlón es una carrera que incluye tres deportes. Incluyen natación, ciclismo y carrera a pie. El primer triatlón olímpico se llevó a cabo en los Juegos Olímpicos de Verano de Sydney 2000. Hay tres eventos: masculina, femenina y relevo mixto.

Los corredores se preparan al inicio del triatlón.

*Los triatletas llevan
su cuerpo al límite.*

Los **triatletas** empiezan en aguas abiertas. Nadan aproximadamente 1 milla (1,5 kilómetros). Después, pedalean 24,8 millas (40 km). Por último, corren 6,2 millas (10 km) a pie. La carrera de relevo mixto tiene distancias más cortas. Los triatletas necesitan fuerza, velocidad y **resistencia**.

resistencia la capacidad de seguir sin parar, sin agotarse

triatleta persona que compite en un triatlón

Los triatletas esperan el fuerte sonido del silbato para zambullirse en el agua.

LOS competidores inician la carrera en una plataforma sobre el agua. Todos se zambullen al mismo tiempo. Nadan en una **pista** establecida. Los flotadores de colores brillantes les indican a los nadadores dónde dar la vuelta. Los triatletas pueden nadar con trajes de neopreno para mantenerse calientes.

pista una ruta o camino planeado

Una transición rápida toma 20 segundos y puede ayudar a un triatleta a dejar atrás a otros competidores.

Después de nadar, los triatletas corren hacia sus bicicletas. Esta es la primera **transición**. Se quitan el equipo de natación y se ponen cascos. Su zapatos ya está en los pedales de la bicicleta. Empujan su bicicleta fuera del área de transición y se montan en ella.

transición el final de un deporte y el comienzo del siguiente en un triatlón

El público vitorea a los competidores mientras corren en bicicleta y a pie.

Las bicicletas están en marcha baja para empezar. Los triatletas ganan velocidad y establecen un **paso** estable. Esta es la parte más larga de la carrera. La pista olímpica es una carretera pavimentada. Hay partes planas y algunas colinas. Los competidores pueden alcanzar velocidades de hasta 33 millas (53 km) por hora.

paso la velocidad a la que algo o alguien se mueve

Un triatlón es extenuante y los competidores pueden necesitar atención médica al terminar la carrera.

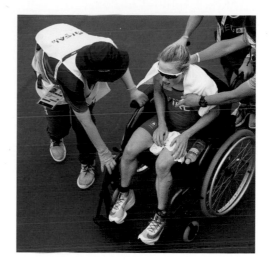

A continuación, los atletas hacen la transición para correr a pie. Se quitan los cascos y se ponen zapatos para correr. Entonces, salen corriendo por la pista. Los corredores veloces tienen la oportunidad de recuperar tiempo. Los primeros tres triatletas ganan medallas olímpicas.

Normalmente, los triatletas no usan calcetines para hacer más rápida la transición.

Un corredor toma una botella de agua después de recorrer su tramo en los relevos.

El relevo mixto es un evento olímpica por equipos. Los equipos de cuatro incluyen dos hombres y dos mujeres. Los miembros del equipo corren de a uno a la vez. Nadarán 328 yardas (300 m), correrán en bicicleta 4,2 millas (6,8 km) y correrán a pie 1,2 millas (2 km).

El equipo francés de relevo mixto celebra el tercer puesto en Tokio 2020.

Los relevos se hacen en un gran circuito. Después de la carrera, el triatleta está de vuelta en la plataforma de inicio. Toca la mano del siguiente miembro del equipo. Esa persona se zambulle en el agua.

Los triatletas británicos se pasan el relevo en el último tramo del evento.

Es difícil saber quién ganará el triatlón. Cada triatleta tiene sus propias fortalezas. Un buen nadador podría tomar la delantera. O un corredor veloz podría adelantarse de pronto y ganar. ¡No te pierdas esta emocionante evento en los próximos Juegos Olímpicos!

La triatleta bermudeña Flora Duffy ganó la medalla de oro femenina en Tokio 2020.

Flora Duffy empezó a competir en carreras cuando tenía apenas siete años. Se destaca en cada uno de los tramos del triatlón y eso es algo raro. Obtuvo sus habilidades increíbles gracias a años de entrenamiento. En 2021, ganó el Campeonato Mundial de Triatlón y el triatlón en los Juegos de Tokio. Es la primera medallista olímpica de oro oriunda de las Bermudas. En las Bermudas, el 18 de octubre de cada año se celebra el Día de Flora Duffy.

Índice